De l'alliance
au bracelet électronique

Sofia Belabbas

De l'alliance
au bracelet électronique
Nouvelles

LE LYS BLEU
ÉDITIONS

Moi, c'est Sophie.

Je sais, je sais… mon visage n'a pas la tête de l'emploi.

Teint mat, regard en amande, cheveux ondulés et quasi noir jais.

Courbes fines mais clairement rondes que j'assume 1 jour sur 2.

J'ai tout de la maghrébine 2.0.

Ou de la sépharade en talons hauts que vous imaginez au Carmen le samedi soir.

Peut-être même de l'Indienne étudiante en psycho à la Sorbonne.

Soit.
Choisissez.
Je ne le ferai pas pour moi.

Toujours est-il que… j'ai 25 ans.

Je virevolte de la ville rose à Rome, et dernièrement, de Rome à Barcelone.

Mon dernier amant napolitain et son stage de fin d'études (Viva Sciences Po bébé !) m'ont amené en Espagne.

Le Raval et son ambiance mitigée, entre chaleur et dangerosité, m'ouvre ses bras.

Je me trouve ambivalente quant à ma définition préférée de l'amour ces temps-ci.

Ni prête à goûter à la vie de va-nu-pieds que mon rital m'offre, ni totalement convaincue par l'option « petit couple rangé ».

Malgré tout…

J'ai toujours eu envie de me marier. Fonder mon clan.

Mon univers.

Mon chez-moi.

Je suis née sous X.

Je me crée donc, forcément, des attaches à travers ce monde.

Je ne viens de nulle part, je ne ressemble qu'à moi.

Résultat : Je veux des enfants qui auront mes traits.

Mon sang et ma joie de vivre.

Ma mélancolie, aussi.

Mais ma soif de liberté m'emporte par monts et par vaux.

5 avril 2012
El Raval

Je ne le sais pas encore, mais c'est ma dernière soirée barcelonaise.

L'ultime nuit auprès de mon amant bat son plein.

J'engage une tchatche entre mauvais espagnol et anglais trop abstrait.

On trinque.
On sourit.
On est là.

On lève la tête & plus haut, au rythme du dernier son électro, les raveurs se claquent la bise et chahutent comme pour mieux nous montrer que ça vaut le coup de perdre nos heures ici.

Je m'éclipse.

Parfois, je n'ai plus envie de jouer mais juste d'un morceau de chocolat et d'un café doux.

D'une pueblo mal roulée & d'Ibrahim Maalouf dans les oreilles.

Le jour se lève.

Je m'envole vers Paris.

Je n'aime plus cette ville. Je m'y suis trop souvent sentie seule au milieu d'un tas de clubbeurs.

Je garde un goût amer sucré des 4 années où j'y ai flâné & étudié.

Bien trop de bling & de faux-semblants.
Soit.

Je m'installe chez mon ami Marti.
Mon 1er colocataire toulousain.
Mon marti-chou gaffeur et cultivé.
Il était en plein guet-apens amoureux.

Son élue à lui, Marie, sympathique thésarde toulousaine elle aussi, immigrée en proche banlieue, l'avait convaincu qu'il était temps de se mettre au boulot (« Au boulot, les feignasses », merci Michel Sardouille).

Bref, il était réceptionniste de nuit, à Crimée. Grosse ambiance.

Je squatte donc dans le canapé de leur 3 pièces pas trop cher du 9.3.
C'était bien. Réconfortant.

J'adore ces proches avec qui il n'y aura jamais de tabou. Ces personnes avec qui on peut se perdre en bavardage et être authentique. Sans peur du qu'en-dira-t-on.
Il en fait partie.

Julien, un ami bourguignon (Made in « L'Yonne Love », comme moi), me propose de le rejoindre à l'endroit bobo du moment : Le Rosa Bonheur.
(Nous sommes en 2012, rappelons-le.)

C'est vrai qu'au cœur des Buttes Chaumont, il fait bon boire un Viognier.

C'est là qu'il est arrivé.

Il a l'air calme.

Doux.

Drôle.

Un peu ours.

Il porte une veste kaki. Militaire un peu. Pas le motif hein, le style.

Je vois bien que je lui plais.

Il me plaît aussi.

Je me suis dit : « Lui, ce sera mon mari. »

La faute aux hormones d'une jeune fille/femme de 25 ans ?

Ou l'amour au premier regard ?

Ou juste un énième défi personnel que je me lance à moi-même ?

Toujours est-il que je ne supporte pas de voir ce galopin rouler des grosses pelles (si si, en 2012 on disait « des grosses pelles »), à une blonde trop maigre et pas du tout assortie à son teint hâlé, à lui.

Je rigole avec mon ami Julien.

Je lui lance, après 2 verres de rosé pas super quali : « Tu vas voir ! »

Je jette mon chewing-gum devenu rose & file à grandes enjambées vers lui (convaincue du bien-fondé de ma démarche).

Je l'emprunte à la blondinette fadasse.
« Je te le ramène tout de suite. »

Une fois face à face, je lui chuchote :
« Tu mérites mieux ! ».
Je le serre contre moi, tendrement.
Taquine, je prends ses mains et les glisse sur mes formes.
« Maintenant, tu peux comparer. »

Il m'embrasse avec douceur.

S'ensuit une nuit de bavardages et de marijuana bien roulée. De câlins et de bisous au creux du cou.
On se plaisait.
C'était un ami d'ami. Rassurant donc.

2 journées parisiennes passèrent après cette jolie nuit.

Mon vol pour Barcelone a lieu le lendemain.

J'avoue que j'attends une missive.

Une demande de sa part de ne pas me voir disparaître. (J'aurais peut-être dû.)

Je la reçois.

(Bon, juste lorsque je suis au lit avec mon meilleur amant jusque-là.)

À noter : suis-je légère ? Je ne pense même pas. C'est plutôt que je préfère m'occuper l'esprit avec une distraction charnelle plutôt que paniquer dans l'attente DU signe.

Ces fameux signes de midinette (j'en étais sans doute une).

Bref, ils arrivent toujours quand on s'y attend le moins.

Ici, après un coït avec un autre.

Pourquoi pas ?

Je le savais de toute façon. Il allait m'aimer.
M'aimait-il déjà ?

Je ne prends jamais ce vol.
Prétextant un chouette emploi trouvé par hasard &
un ras le bol des tortillas patatas.

Je fais devenir le tout véridique.

Les semaines s'écoulent et notre idylle se poursuit.

J'emménage, malgré mon dégoût pour la vie parisienne étriquée, entre 4 minuscules murs, à Saint-Ambroise.

À 6 minutes de sa Rue Saint-Maur.

Nous sommes attachés, heureux de nous voir. Câlins.

Mais lui ne connaît pas grand-chose au couple. Gaffe après gaffe, il ouvre les yeux sur sa capacité à la tendresse, à l'écoute.

Que dis-je, presque à la bienveillance.

Malgré le bordel monstre et la saleté de son 2 pièces (je trouve alors cela « mignon » !), après plusieurs remastérisations de sa garçonnière, je finis par m'y sentir chez moi.

Il stoppe donc les services de sa femme de ménage que je remplace au pied levé.

Les mois passent.

Je tente de me rassurer malgré ses moments récurrents d'angoisse.

Il est parfois étrange, mais qui ne l'est pas ?

Je ferme les yeux.

J'ai bien fait de rester dans sa ville.

Je ne me trompe pas.

C'est le bon.

Je l'informe ne pas avoir de contraceptif.

Il en sourit & me rétorque « À 32 ans, je veux des enfants ! ».

Je n'y repense plus.

Je me dis que l'on ne connaît pas l'avenir.

La suite sera logique.

Janvier 2013

Je suis enceinte.
Je me doutais bien qu'un jour cela arriverait.

Il est fou de joie.

Après plusieurs appels à ses parents, à ses proches,
je sens qu'il est ravi pour de vrai.
De mon côté, c'est la panique qui me dévore.
Littéralement.
Je suis stressée d'un rien.
Sûre de mon malheur à venir.

Ma mère adoptive est stérile, pourquoi pas moi ?
Totalement illogique me direz-vous !
Mais grandir dans une famille de femmes touchées
par l'endométriose, ça laisse des traces.
Même si aucun gène ne vous lie à elles.

On décide finalement de rejoindre la maison de
vacances de ses parents, à Pornic.

Il peut, il a quitté son travail de consultant où il était pourtant brillant, mais mou.

(Il est à une période où il ne sait plus. Mais a-t-il su un jour ?).

De mon côté, j'arrête mon poste de réceptionniste à Oberkampf.

La route me paraît interminable et je suis certaine que ce début de grossesse n'est pas adéquat.

J'ai raison.

Cette première nuit en bord de mer s'accompagne d'abondants saignements. Après une matinée passée à l'hôpital de Saint-Nazaire, vers midi, l'annonce tombe comme un couperet :
« Il n'y a plus de trace du fœtus. »
Sans autre forme de procès.

Effondrés, les semaines qui suivirent furent traumatisantes mais constructives.

Nous voulons un enfant.

C'est comme cela que peu de temps plus tard, Noa prit place dans mon ventre.

Une grossesse pleine de bonheur mais aussi d'appréhensions.

Je connais par cœur mon échographe qui finit par me faire un « prix de gros » au vu de mes passages anxieux pour voir si mon petit mec a bien le cœur qui bat la chamade !

Durant ces mois à m'arrondir, il gonfle lui aussi à vue d'œil.

La couvade a bon dos.

Nous quittons Paris au profit de la ville de province où il a grandi : Troyes.

L'angoisse.

Un no man's land le plus souvent très laid, où je repense avec nostalgie à mon passé de vadrouilles dans des contrées européennes ensoleillées.

On n'est jamais satisfait de ce que l'on a, c'est ce que je me dis à ce moment-là.

Je repense alors à mes trajets solo d'antan, iPod aux oreilles à écouter de la merde. (Oui, j'adore Adèle et François Feldman.)

J'écoutais les paroles doucereuses en me disant à quel point c'était génial de voyager, mais qu'en partageant ce mood avec quelqu'un que j'aime auprès de moi, ce serait 2 fois mieux.

Eh bien, PAS FORCÉMENT !

Bref.
J'omets de parler de mon mariage avec lui.

Quand, en ce début de printemps 2013, ma grossesse fut confirmée, il me dit :

« Si on est capable d'avoir un enfant ensemble, autant se marier. »

Romantique, non ?

Soit.

Cette même année, à l'aide de grand renfort logistique made in belle-maman, nous nous disons « Oui. »

Dans la maison bourgeoise de Pornic, cela va sans dire.

Alliance vite achetée pour moi.

« Ça ne vaut pas la peine de dépenser une fortune. »

Robe dégotée chez Tati.

« Parce que pour la porter 1e fois franchement, quel gaspillage ! »

Lui, il recycle carrément une vieille bague.

Le bonheur ne se voit pas aux dépenses réalisées, il paraît.

Sans être une fana de cadeaux, j'avais imaginé autre chose.

Encore ce côté midinette.

Jolie journée, honnêtement.

Bien qu'enceinte et donc nauséeuse, et plus que gênée de devoir festoyer dans la demeure de vacances de mes beaux-parents nouveaux riches, je garde le sourire.

Je suis mariée !

En étant clairvoyante, je suis très loin de ce que j'imaginais d'une histoire d'amour digne de ce nom.

J'ai plus la sensation d'être là par événements qui s'accumulent et font que… j'en suis là.

Le voyage de noces fut assez révélateur de notre vie de couple à venir et de la suite de notre « mariage ».

Profond ennui relationnel pour moi, mais pour m'occuper j'ai, ne l'oublions pas, l'ensemble des tâches de la vie courante à réaliser – y compris tirer sa chasse d'eau pleine de son caca après son passage – mais sans rébellion encore exposée.

Profonde défonce aux joints pour lui, et glande intensive 90 % du temps.

Les 10 % restants consistent à m'exposer comment les choses et les gens doivent être/se comporter convenablement.

Cet homme sait de quoi il parle, cela va de soi.

13 décembre 2013

Soirée pizzas dans un troquet proche de notre « nid de jeunes mariés – futurs jeunes parents ».

C'est cette nuit-là que mon premier ange né.
Franchement, c'est l'un des plus beaux jours de ma vie.
Je l'aime tout de suite.
Je le trouve : sublime, drôle, craquant, doux. Même avec mes seins qui saignent et mes nuits blanches à répétition.

Les mois passent.
Noa a grandi.
Je pense que je m'ennuie autant qu'il déprime.
Je tiens 6 mois, peut-être 9, dans sa ville-fantôme.

Ses amis sont gentils, ça m'aide.
Je force quand même la main pour partir, trop peur de mourir d'ennui, baladée au fil de parties de poker

entre gens bourrés et d'après-midis à récurer notre appartement, préparer à bouffer…

Avec mon teint mat, j'ai beau ne pas être laide, les employeurs ne se bousculent pas pour m'avoir à leurs côtés.

Ça appuie ma demande pour quitter cette contrée.

C'est ainsi que l'on se retrouve à Nantes.

Il se dit qu'ici, non loin de la maison de vacances de ses chers parents, ce serait chouette.

J'aurais payé cher pour rejoindre mon sud chéri, mais soit, on doit faire des concessions, à deux.

Et…

Oh Joie ! Il est embauché !

Youpi !

Je pense qu'il n'y eut que moi d'insatisfaite pour lui lorsqu'il fut ravi d'être conseiller clientèle au Crédit Agricole.

Après un master 2, paraît-il, durement obtenu, suivi d'une carrière de 7 ans à avoir quelques responsabilités sur les épaules… Il a envie « d'avoir du temps. »

Ah ouais.

Mais pour faire quoi ?

Désormais, ce « temps » passé hors travail consiste à :

1 – Retirer son pantalon à pinces ;

2 – Enfiler un jogging en gardant sa chemise transpirante de la journée ;

3 – Rester allongé avec un Coca (avec sucre) et des jeux vidéo de geek sur l'ordi.

D'ailleurs, je reste bouche bée quand je vois le cœur qu'il met à l'ouvrage pour réaliser ses jeux vidéo avec tant de brio.

Il s'agit de jeux où il doit créer un empire. C'est même sacrément perfectionné.

Je me dis souvent qu'avec cette même ardeur il nous rendrait, peut-être, heureux.

Je balade Noa partout.
Je veux qu'il découvre le monde.

Qu'il ait « curiosité » comme maître-mot.

Pendant ce temps, il est toujours allongé.

Les week-ends et jours fériés, les levés à 10 h 30 et les siestes de 13 à 16 h sont son pain quotidien.

Alors que Noa est au taquet dès 7 h.

Mais je suis une femme, il me semble que je suis affectée à ce rôle.

Je suis mère, bordel !

Avril 2015 (je crois que le printemps me sied bien au teint)

Je décroche un emploi dans la « finance ».

Bon.

Ça ne m'intéresse pas des masses mais il paraît que je suis « faite pour le poste ».

Le fameux poste comprend une formation de 15 jours à Nancy.

J'appréhende. Et redoute surtout d'être séparée de mon petit bout.

Nancy

Lors de ma « rentrée professionnelle », quelle ne fut pas ma surprise quand mon regard croisa celui de Victor !

On reste assis l'un à côté de l'autre des jours.
On boit des tas de cafés.
Puis on se prend par la main. Naturellement.

Une évidence.

C'est assez dingue.

Banalement dingue.

Mais le plus dingue, et je m'en souviendrai toujours, a été notre premier appel vers nos foyers.

Après coup, on s'est regardés et on a eu la même conclusion : seuls nos petits nous manquaient.

Triste constat.

Ces 2 semaines mirent de la couleur, du désir, des sourires et de la folie à nos esprits.

On oublia notre quotidien de conjoint terne, au sein d'un couple terne.

Le retour n'en fut que plus féroce.

Nantes

Les fleurs des cerisiers japonais commencent à tomber.

Mon mari m'accueille sans un soupçon avec un bouquet de roses.

Peut-être le deuxième en 3 ans.

Parce que les cadeaux ne sont jamais utiles.
« On utilise déjà nos sous pour faire les courses et partir en vacances. Surtout les miens, de sous. »

Bref.
Il a des roses roses.

Malgré leur beauté, je pleure.

Je pleure de retrouver mon couple triste.
Cette absence de passion qui ne s'est pas transformée en tendresse pour autant.
C'est plus de la rancœur.

L'homme à qui j'ai dit oui est devenu un colocataire crado qui m'empêche de voyager pour voir mes amis.

« Parce que je suis mère maintenant, ce n'est plus ma place ».

De porter de jolies choses.
« Franchement, tu vas sortir comme ça ? »

Ou de pouvoir lui dire mes angoisses par rapport à son absence totale de désir charnel.
« Arrête tes jérémiades ! »

J'ai beau tenter les nuisettes de soie, leur douceur s'oppose à sa répartie.
« Combien ça a coûté ça, encore ? »

Je propose alors une thérapeute de couple.
« C'est pour les tarés !
Mais vas-y, toi ! »

Ces cris se font de plus en plus stridents.

Et on ne se touche évidemment plus.

Allez, 1 fois tous les 3mois, 5 minutes dirons-nous.

Je suis frustrée.

Triste.

Écœurée.

J'en viens à être jalouse des couples que je côtoie. Estimant leur situation toujours et forcément meilleure à la nôtre.

Je me sens prise au piège d'une histoire qui n'est plus qu'un pacte entre deux personnes, pourtant non respecté de part et d'autre, mais où je ne trouve pas d'issue.

Je ne vais pas divorcer alors que mon mariage est si récent.

Alors que mon fils est si petit.

Bien que petit, cela ne l'empêche pas, quand il arrive à son papa de me hurler dessus devant lui, de se mettre devant mes jambes et de lui dire, en lui criant de sa petite voix :

« Arrête de crier sur maman ! »

« Arrêtez de vous disputer ! »

Je déclare forfait.

Victor me manque.

Ce n'est sans doute pas lui qui me manque mais ce qui existait, et dont je rêvais : un couple heureux, qui communique et vit avec douceur.

Je cherche dès lors à m'évader dans ce nouveau travail qui ne me plaît en rien, si ce n'est à oublier mon quotidien d'épouse.

Mon seul bonheur, c'est mon fils.

Mais je n'ai pas la force de partir.
Je n'en ai pas non plus les moyens.

Me manque surtout : LE COURAGE.

Je vois donc une « coach de couple », mais seule.

Lui ayant refusé cette solution.

Je n'ose même pas lui dire, de peur de ses cris.

Il me rabaisse davantage chaque jour.

Et j'en viens à préférer très largement les semaines de travail aux week-ends.

J'en suis là.

Les mois passent.

J'ai beau rechercher « l'amour » ailleurs, personne ne trouve grâce à mes yeux.

Même si le fait d'avoir été infidèle sonne pour moi l'alarme évidente de la fin de mon mariage.

Car il est clair qu'auparavant, je n'imaginais même pas être capable ne serait-ce que d'effleurer « un autre que lui ».

Juillet 2016

Je réussis à convaincre mon mari de m'accompagner pour 2 journées de « retrouvailles » en bord de mer.

Ma chère belle-mère, qui sent, j'imagine, les tensions persistantes, a accepté de garder notre trésor.

À l'arrivée, nous venons de passer 3 h à nous disputer.

Le sujet ?

Mon souhait de voyager ou de faire une année à l'étranger, en Italie par exemple, avec notre fils.

J'ai toujours eu envie de faire découvrir, surtout à un jeune âge, d'autres cultures que la nôtre à mes enfants.

Il refuse et nomme mon projet « d'énième ineptie ».

En arrivant à La Rochelle, je lui dis pour la première fois mon souhait de divorcer.

C'était peut-être à Saint-Malo ?

Je ne sais plus.

On s'est engueulés aux deux.

Il est choqué.

Alors que notre « couple » est clairement voué à l'échec, à plus ou moins long terme.

Malgré tout, il arrive que l'on repasse quelques minutes sous la couette.

Sans orgasme.

Sans amour.

Juste parce qu'on est là.

Enfin, c'est ma vision des choses, peut-être n'est-ce pas la sienne.

J'ai un doute.

Dans une suite coquette, je le revois ne pas voir ma tristesse et ma rancœur, après cet acte qu'on peut tout sauf appeler « faire l'amour », alors que même mes pensées pour m'émoustiller vont vers bien d'autres hommes que lui.

Quelques semaines plus tard, nous sommes dans le 11ᵉ, je ne sais plus pourquoi.

D'ailleurs, c'est assez étonnant sachant que notre vie se déroule quasi exclusivement entre Nantes et Pornic.

J'exagère remarquez, je viens quand même d'énoncer Saint-Malo et La Rochelle. Soyons justes, jusqu'au bout.

Bref, à Paris, je crache mon Martini.

Étrange.

Écœurements et ballonnements suivent.

Je suis enceinte.

L'annonce est très bien accueillie.

Peut-être un autre petit prince pour poursuivre cette belle lignée de mâles ?

Soit.

J'attends un enfant !

Je me demande encore par quel miracle.

Je n'ai pourtant pas prié pour un nouveau souffle.

Ni espéré passer le restant de mes jours aux côtés de cet homme censé être « mon mari ».

Les conflits reprennent de plus belle.

À mesure que mes nausées s'intensifient, notre relation part elle aussi au fond des chiottes.

Je l'emmerde à être toujours alitée.

À ne rien manger sans vomir.

À ne plus pouvoir faire le ménage et les courses.

À quoi puis-je bien servir désormais ?

J'imagine que c'est ce qu'il se demande alors que j'agonise.

« Des jérémiades, de l'exagération, comme toujours. »

N'y tenant plus, après avoir repris visage humain, je suis les conseils d'une amie de longue date.

Elle me confie avoir vu une publicité plutôt drôle, durant la Saint-Valentin passée.

« Partenariat Interflora ! Pour 1 bouquet acheté, le second est offert. N'oubliez pas votre femme ! – Freedom – »

J'ai peur, mais je m'ennuie tant que j'explore.
2 h.
C'est fou, car j'ai surtout besoin d'un ami. De quelqu'un sur qui vraiment compter.
Je ne mets pas de photo.

Je n'accepte de répondre qu'à un unique message.
Celui d'un pseudo sympathique.
Il s'appelle Simon.

Après 2 h, je me désinscris donc, et garde uniquement contact avec cet homme.

Commence alors une addiction qui dure encore aujourd'hui.

Au début, je me rassure en me disant que jamais je ne le rencontrerai.
Une fois rencontré, je me rassure en me disant que jamais je ne le reverrai.
En le revoyant, je me rassure en me disant que jamais cela n'aboutira à quelque chose de concret.

Bon an mal an, malgré ses rides aux coins des yeux et son passé tout aussi chargé que le mien, il est toujours là.

Là pour m'entendre gémir en parlant de mon mari.
Là pour me cocooner de longues heures lorsque ma grossesse est trop épuisante.
Là pour me trouver belle comme jamais on ne m'a trouvé belle.
Là pour me rendre désirable quand je pense ne plus pouvoir ressentir quoi que ce soit.

Il m'aime.

Il ne ressemble pas aux esthètes que j'ai l'habitude de choisir et d'aduler.
Mais il est beau.
Un dandy qui m'appartient et que j'ai apparemment envoûté.

Je ne m'avoue que depuis peu que lui aussi, il m'a envoûté.
Depuis ce mois d'octobre 2016, pas une journée ne se passe sans que l'on ne pense l'un à l'autre.

Il me donne la force de partir.
Le courage de reconstruire.

La hardiesse de ne rien lâcher.

Il m'ouvre les yeux sur le primordial :
J'ai droit au bonheur.
Je l'avais jusqu'ici oublié.

15 mars 2017

L'accouchement se passe sans trop de mal.

Mia est sublime.

Douce et tranquille.

Mon « mari » ne se préoccupe pas plus de moi que moi de lui.

Je ne peux plus me passer des caresses et de la douceur de Simon.

10 jours après l'accouchement, alors que je pars prendre l'air avec ma poupée et câliner mon amoureux, des monceaux de sang sortent de mon corps encore endolori par le post-partum.

Paniqué, Simon me ramène chez « moi ».

On m'emmène d'urgence me soigner.

L'hôpital a omis de retirer un énorme morceau de placenta…

Mon cher papa vint à ma rescousse.

Il sait tout.

À propos d'à peu près tout.

Le père de mes enfants préfère dormir plutôt que de rester à mon chevet, une fois rentrés de l'hôpital.

Il préfère reprendre le footing que de rester auprès de moi alors que je souffre le martyre et ne peux plus allaiter.

Mon père prend le relais.

Simon, pour sa part, reste des heures dans un café en bas de mon immeuble, pour pouvoir m'aider si besoin.

On passe des heures à s'écrire.

Il est là, encore et toujours.

Alors que mon cher époux a déserté depuis longtemps.

Seule sa présence physique persiste, à mon grand désespoir.

Quelques semaines plus tard, je lui annonce que j'ai trouvé un appartement.

Je veux partir avec mes deux enfants.

Voir si on s'aime toujours.

Voir si on se manque, séparés.

À ce moment-là, je pense encore, naïvement, que Simon m'apporte ce qu'il ne m'apporte plus, mais que c'est bien mon mari que j'aime.

C'est un sentiment naïf parce que pour tout dire, il ne m'a jamais apporté tout ce que m'offre Simon.

Et de très loin.

Il prend très mal ma décision.

Bloque mes comptes bancaires pour que je sois coincée.

Contacte ma famille et évidemment la sienne en me déclarant folle, en plein « babyblues ».

Il n'en est rien.

Je suis terrorisée et honteuse d'avoir trouvé de l'amour « ailleurs ».

Je n'ai pourtant jamais juré fidélité lors de nos vœux à la mairie.

Je m'en serais souvenue.

S'en suivent plusieurs longues semaines avant qu'il ne parte.

Refusant que je quitte les lieux la première et déclarant le divorce sans chercher à arranger quoi que ce soit.

Il savait peut-être déjà, remarquez.

Je me dis : « Ça y est, je suis sortie d'affaire. »

Je ne le sais pas encore, mais je signe pourtant pour des années d'enfer.

Nantes
20 juin 2017

C'est mon anniversaire.
J'ai 31 ans.
Mia a 3 mois.
Noa 3 ans.

C'est ce jour-là qu'il choisit pour déménager.

Oh non, pas loin.
Tout près.
Bien assez près pour espionner mes faits et gestes, assez près pour m'empêcher d'être libre de mes mouvements.
Assez près pour me terroriser.
Il connaît l'existence de Simon.

On lui a tout dit.

Il va garder une arme blanche sur lui pour « le fumer ».
Et il « violera sa fille de 19 ans, elle est bonne. »

Voilà.

Le contexte est posé.

C'est sa guerre.

L'été est horrible et joli à la fois.

Je passe tout mon temps auprès de Simon.

Mes enfants l'adorent. J'adore ses filles.

Pétillantes, douces et bien élevées, je me plais en leur présence.

Je ne veux pas m'imposer dans leur quotidien, bien que leur père ait bouleversé le sien/le leur pour mes beaux yeux – peut-être est-ce pour ma belle âme ou mes belles fesses, cela revient au même.

Nous passons de stress intense en recevant les menaces venant de mon désormais ex-conjoint, au pur bonheur en riant dans une piscine tous ensemble.

Je suis perturbée aussi, et pleine de culpabilité.

J'ai l'impression d'avoir tout gâché, alors que j'avais déjà tout essayé pour que rien ne le soit.

On ne construit pas un couple seul, et il ne peut pas non plus perdurer en étant seul à le vouloir.

Il ne se remet évidemment pas en question.

Tout est de ma faute.

Je suis obscène et malsaine et bête et naïve et je salis son nom et comment osais-je le quitter lui ?

Simon souffre en silence.
Je souffre au grand jour.

Je dors mal et vis dans le stress d'une énième menace, d'une énième non-présentation d'enfant au moment prévu.

Le divorce est en cours.

Il me prévient :
« Ton avenir ne tient qu'à un fil.
Tu es folle et je le prouverai.
Tu perdras la garde des enfants. »

Mon souffle est court.

Le stress envahit mon corps et mon esprit.

« Tant que tu seras avec Simon, ce sera la guerre. Je ne te laisserai jamais tranquille. Je ne VOUS laisserai jamais tranquille. »

Je suis prévenue.

Tout le monde tente de me rassurer.

En vain.

Je vis dans la peur, et dans la honte.

Mon appartement, notre appartement d'antan, me répugne. Je veux partir, mais comment ?

Je perds pied.

Quitter Simon est une option.

Peut-être que tout se réglerait et que je pourrais reprendre ma vie amoureuse heureuse une fois le divorce prononcé ?

L'expérience fut houleuse.

Simon me manque.

Je ne peux passer une journée sans contact.

Une semaine sans le voir.

Un mois sans être assurée qu'il m'aime toujours et ne me remplace pas.

Je fais quelques rencontres, testant quelques-unes de ses nouvelles technologies pour désespérés de l'amour comme moi ou chercheur de plans cul comme d'autres.

Les histoires ne durent pas.

J'y croise des hommes gentils, beaux, agréables, cultivés, avec parfois au moins 2 de ces dénominateurs communs à la fois.

Mais sans alchimie, on ne va pas bien loin.

Le 8 juillet je crois, on divorça.

Ce jour-là, j'ai pris une voie de bus (je conduis mal, il paraît).

Je suis un peu angoissée.

Ça se passe face à son agence bancaire adorée, juste avant le rendez-vous du divorce.

Les policiers, que l'on sait pleins de largesses avec les décolletés, me laissent partir sans être allégée d'un seul point.

Il m'appelle.

Il a vu la scène.

Tentant d'apaiser la tension ambiante, je lui raconte l'épisode en riant.

Il me raccroche au nez.

Qui vis-je courir après les policiers ?

Lui.

Hurlant après eux en leur disant que c'était inacceptable.

Que je méritais une amende salée...
Pathétique.

La haine parfois fait vraiment atteindre un niveau impressionnant de stupidité. À moins que la stupidité ne fasse déjà partie de lui.

Le divorce se passe sans heurt.

J'accepte tout.
Je veux en finir.
Je dis non, pas de compensation sur ses biens immobiliers.
Pas de pension alimentaire.
Et j'accepte la garde alternée sans rechigner.

Démunie, pleine de culpabilité et de panique, je signe les papiers.

Je suis mal.

Comme après un divorce en somme.
Soulagée mais dans l'échec.
L'échec d'une vie que j'aurais aimé ne pas avoir à recommencer.
La tristesse d'ouvrir les yeux sur la réalité : l'amour ressemble à tout sauf à ce qu'il « m'offrait ».

En octobre, continuant mes amourettes insatisfaisantes, et persévérant dans ma tendresse envers Simon, je me rends à l'évidence : pourquoi ne pas vivre avec lui ?

Pourquoi maintenant qu'il a refait sa vie, je n'aurais pas le droit moi aussi de vivre la mienne avec un homme aimant, doux, drôle, parfait à mes yeux ?
Ma décision est prise.
Je quitte mon toy-boy de l'été pour rejoindre mon amoureux vrai.

Quelques semaines plus tard, heureuse et tout sourire, je décide d'informer mon désormais ex-mari de ma relation.

Les enfants passant du temps auprès de Simon, et notre envie de vivre ensemble étant grandissante, la logique veut qu'il soit mis au courant.

Sans trop de surprise, les menaces de représailles en tout genre reprirent de plus belle.

Cette fois, je ne le laisserai pas gâcher ma vie, pas ENCORE.

Trentemoult

Je fais face.

Simon aussi.

Entre plaintes et mains courantes, nous arrivons malgré tout à garder du temps de qualité, entre balades, travail et câlins.

Les enfants sont ravis, moi aussi.

On tombe sous le charme d'une jolie maison colorée.

Tel est notre cadeau de Noël.

Je n'ose pas encore en parler à cet autre déséquilibré, de peur qu'il fasse brûler la maison, alors même qu'il se dit « heureux » avec une nouvelle compagne.

Et bien sûr, dès qu'il a vent de notre idylle, la bourrasque reprit, bien tenace.

À la moindre anicroche, on a droit à un texto sympa :

« Si tu mets encore une fois au coin ma fille, je te fume, fils de pute. »

J'ai, par la suite, droit à une série de mots doux référant à ma naissance.

Il faut croire que mon arrivée sur terre « Sous X » lui donne des idées de jeux de mots.

« Tu es une erreur. Ta mère biologique le savait. »
(J'ai tenté de vous garder les pépites !)

Voilà la teneur des échanges qui ont suivi.

Il ne supporte pas que je sois heureuse.

Encore moins avec Simon, que mes enfants adulent, et pour qui j'ai une affection grandissante.

Pour lui, Simon est la cause de notre divorce.

Vous aurez compris qu'en rien ce brave homme n'y est pour quelque chose.

Il m'a sauvé, ça oui, d'une fin sans doute bien plus funeste.

Les mains courantes se multiplient. Je tente tout pour le calmer.

Il cherche la haine à chaque possibilité de la trouver.

Un exemple parmi tant d'autres :

Nous n'avions qu'une seule poussette.

Vous savez, ces YOYO géniales qui se ferment toutes seules. Rose Fuchsia.

Voilà celle-là !

Un jour, il me dépose les enfants sans la fameuse poussette. Il avait décidé de ne plus la « partager ».

Pas évident de tout faire à pinces, et au pied levé.

Une autre fois encore, il a décrété que je n'avais plus son autorisation pour venir chercher notre fille à la crèche avant 18 h 45.

Alors qu'il savait que j'étais dispo dès 12 h.

« Moins mes enfants passeront de temps avec Simon, mieux ils se porteront ».

Il mélangeait tout.

Les avocats sont de braves gens.

J'ai bien suivi leurs conseils. Méticuleusement.

C'est ainsi qu'on se retrouva face à face pour une « médiation de couple ».

Qu'est-ce qu'une médiation ?

1 ou 2 avocats à 75 € l'heure qui sont là pour être là.

Pour, apparemment, vous aider sans vous aider.

Pour « tempérer » comme ils aiment à le dire.

Mais « sans prendre parti ».

Bien sûr.

C'est comme cela que je passe 4 longues heures à me faire copieusement insulter devant ses charmantes dames.

À recevoir une fois de plus des menaces de mort envers Simon de sa part.

Et la promesse certaine « qu'autant ma relation durera, autant la guerre persévérera ».

Bien entendu, ces sympathiques médiatrices n'ont rien pu « annoter », pour rester « neutres ».

La folie était telle qu'elles ont tout de même terminé en m'indiquant ne pas pouvoir poursuivre les

« rencontres » car il était trop violent et qu'elles avaient peur.

Mais que, cela va sans dire, elles n'étaient pas habilitées à laisser une trace de leur verdict où que ce soit.

La fameuse impartialité a bon dos.

Ça fera 300 € Sophie.

S'ensuivit un bordel qui s'amplifia.

Des demandes de sa part toutes plus cinglées les unes que les autres.

Malgré…

– Mes refus à ses volontés et ses mots dégradants…

– Mes tentatives d'apaisement, nombreuses et infructueuses…

Noa revenait des semaines chez son cher papa avec toujours davantage de paroles abjectes en bouche.

« Simon, pourquoi tu veux que la police mette mon papa en prison ? »

« Maman, c'est vrai que t'es avec Simon pour l'argent ? »

« Toute façon, papa il m'a dit d'être méchant avec Simon parce qu'il m'a dit que c'était un méchant. »

Les mois passèrent.

On touche du doigt les vacances d'été.

Mon fils a hâte d'arriver à la fête de son école. Il est ravi.

Comme à chaque événement important en tant que Maman divorcée d'un ex tel que lui, je suis plus qu'angoissée à l'idée d'être en contact direct.

J'ai peur, une fois de plus.

N'osant pas aller accompagnée de mon amoureux à cette fête d'école – où il aurait pourtant eu toute sa place – je convie une amie.

Pas un mot.

Il ne prononça pas même un mot durant les 3 h de « pestacle ».

Ah si !

À part pour me dire « C'est qui celle-là ? », en lançant un regard menaçant à mon amie.

J'imagine qu'il s'était dit que je m'étais mise aux meufs.

Avec lui, je ne suis plus étonnée de rien.

Il fait 35 degrés.

La canicule s'abat sur Mia.

Aux premiers rayons de midi, je comprends qu'au vu de l'ambiance qui se dégrade, la meilleure issue est d'abord de mettre ma fille à l'abri pendant qu'il fait jouer Noa dans la cour de l'école.

Je le préviens donc que Mia allait partir au frais avec mon amie. (Sans préciser qu'elles allaient rejoindre Simon dans sa voiture climatisée.)

Soit…

Une petite heure plus tard, je propose à Noa de quitter les lieux, n'en tenant plus d'être aux côtés de cet immonde personnage.

Il acquiesce.

Sur le chemin pour retrouver la voiture de Simon, il annonça :

« Où est la petite ? Je veux la voir ! Maintenant ! »

Ma réponse fut toute prête.

« Ce n'est pas une bonne idée. »

Noa est entre nous.

Comme avant quand on faisait :

« À la une, à la deux, à la trois ! »

Sauf que là, son papa rétorque :

« Noa, sache que ta sœur n'a rien à faire avec un blaireau comme Simon. »

Il se retourne alors vers mon visage, et crache copieusement dessus.

Le tout devant les yeux ahuris de notre petit garçon de 5 ans.

Je prends la main de mon angelot, sans un mot. Je contacte de suite Simon pour le prévenir des faits.

Je pense alors en avoir terminé avec cet épisode de violence gratuite.

Mais non.

Il se met à courir à travers les rues, visiblement pas suffisamment calmé après cet acte abject.

Il trouve finalement la voiture.

Simon reçoit des crachats, d'autres insultes. Puis il crible de coup de pied le véhicule pour que ma fille en sorte.

Rappelons que Mia a 24 mois et est toujours à l'intérieur.

Je ne sais pas comment réagir. J'ai peur. Encore.

Je vois Simon, paniqué, accepter de remettre ma petite, pourtant hurlante, à son « père », qui l'arrache de la voiture.

Jusque-là, j'avais souhaité cacher la scène à mon fils qui en avait assez vu.

Mais à ce moment, n'en tenant plus, je cours reprendre ma fillette, terrorisée.

Simon prit des coups qu'il parvint heureusement à recevoir sans trop de mal.

S'ensuivit une lutte digne d'une sortie de boîte de nuit, entre un videur sobre et un alcoolo dépressif.

Pas besoin d'indiquer qui est qui.

Nous partons au plus vite.

Puis…

Des excuses malhonnêtes parsemées de paroles transparentes arrivèrent sur mon téléphone.

« Tu sais, si un jour je suis davantage en colère, sache que les choses seront sans aucun doute bien pires.

Tant que tu seras avec lui, ce sera la guerre. »

L'été passe. Le traumatisme des petits s'apaise à mesure que leur teint se hâle.

La fin de la saison arrive bien vite.

Entrecoupée de « rencontres » sans un mot lors des « échanges » des petits.

Les appels de sa part, toujours quémandés en amont en FACETIME, lors de nos vacances, se ressemblent :

« Ahhh mon chéri ! Où êtes-vous exactement ?

Vous êtes bronzés !

Maman ne vous met pas de crème solaire ? »

Voilà.

À quelques jours de la rentrée en CP de Noa, et en dernière année de crèche pour Mia, il doit me ramener mes enfants, ce vendredi 29 août.

Il m'a prévenu être contre.

Il a décidé qu'il les garderait auprès de lui 3 semaines au lieu de 2.

À plusieurs reprises, j'écris mon désaccord noir sur blanc.
Je consulte une avocate pour savoir comment réagir.

En vain.
Le vendredi soir s'écoule sans une nouvelle et sans un signe de vie de cet individu abjecte à qui un jour j'ai dit :
« Oui. »

La convention est mal fichue, il paraît.

N'étant pas avocate, ni policière, je me rends une énième fois au sein de ce charmant commissariat où l'on est jugé dès la porte passée.

Si on est là, on doit être des cas sociaux, c'est évident.

J'ai la sensation qu'on me susurre à l'oreille : « Tu n'avais qu'à mieux choisir ma chérie ! Faut pas t'étonner d'être dans la merde maintenant ! Il n'y a pas de fumée sans feu ! ».

Le commissariat et ma chère avocate m'indiquent en choral qu'il n'y a qu'une issue : attendre le dimanche.

Car finalement, cette charmante convention annote que seul le jour précédent la rentrée des classes prévaut pour la « remise des enfants » à mon domicile.

J'attends donc ce dimanche soir.

Dimanche 1ᵉʳ septembre 2019

On me dit de me déplacer au domicile de M.
J'obtempère.
Simon m'accompagne.
Il a même pris une coque de protection.
Je le comprends.

Mais moi ?

D'accord, il m'a craché au visage et dit à plusieurs reprises que : « Je méritais d'être morte. »
Mais même les policiers n'ont pas voulu prendre ma plainte sachant que je n'étais pas « blessée ».

C'est que cela ne devait pas être bien grave.
Ou monnaie courante à leurs yeux ?

Bref…
Simon se garant, je profite d'un livreur UberEat pour monter, après 10 appels infructueux à la sonnette de son porche.

Une fois à son étage, je sonne et me présente.

La voix de Noa me répond et mon petit bonhomme m'ouvre avec un large sourire.

Je ne suis pas accueillie de la même manière par son papa.

En le voyant porter une première fois la main sur moi pour me pousser à l'extérieur de son logement, je saisis mon téléphone pour contacter le 17, comme on me l'a indiqué.

Peine perdue : il agrippe de ses sales mains mon téléphone et le jette au sol, l'écrase d'un de ses pieds dégoûtants en me lançant « Tu n'appelleras pas les secours ! »

Je reçois des gifles, de nouveau des crachats (c'est son truc apparemment).

Il agrippe si fort mes poignets, mes doigts puis mes avant-bras qu'ils me font encore mal à l'heure où j'écris ces lignes.

Je me débats comme je peux alors que Noa hurle à son père d'arrêter, caché derrière la porte de sa chambre.

Mon fils voit tout.

C'est, au-delà des coups, ce qui me fait le plus mal.

Il me porte et me balance tel un paquet de patates dans ses toilettes pleines d'immondices.

Je me débats pour en sortir mais il me coince la tête entre la porte et le mur.

Je profite d'un moment d'inattention de sa part pour courir à la fenêtre de la chambre de mon fils, toujours terré derrière sa porte.

J'ouvre finalement cette foutue fenêtre et sens un lourd poids sur mon dos.

Cet enfoiré a arraché le portant en bois du rideau pour me le faire tomber dessus.

Je hurle à l'aide dans toute la rue.

Il me pousse pour me faire passer par la fenêtre.

Je crois mourir sous les yeux de mon petit garçon.

Je me retiens de justesse.

Par miracle, un policier en fin de service passe s'acheter un kebab.

Comme quoi, parfois la malbouffe a du bon.

Et qu'a-t-il osé hurler ?

« Venez : vous tombez bien, elle est entrée par effraction ! »

Sans voix, je prends Noa contre moi et tends au policier la convention de divorce, pour prouver ma bonne foi.

Je n'ai qu'une envie : partir et emmener loin de ce monstre mes enfants.

Mais Mia ?

Où est-elle ?

Je n'obtiens aucune réponse.

Aucune.

Les policiers contrôlant ses cris de putois nous laissent partir avec mon fils.

C'est la veille de sa rentrée en CP.

Noa me souffle, penaud & blotti contre mon cou :

« Peut-être que t'avais pas le droit de venir ? »

Je parvins à l'endormir après de longues heures, entre le passage d'SOS Médecins qui m'indiquait 7 jours d'ITT (Interruption Temporaire de Travail, j'avais appris une nouvelle abréviation ce soir-là).

Apparemment, le nombre de jours joue sur la gravité des faits.

Et donc sur notre bonne foi.

Le lendemain, toujours paniquée par ce monstre et par l'absence de nouvelles de ma fille de 2 ans, la gendarmerie nous accompagne pour ce 1er jour de CP.

Puis, je file porter plainte.

Le flagrant délit est évident.

Mais la veille, je n'ai pas pensé (quelle bécasse !) à montrer mes blessures aux policiers.

Alors eux, ils avaient indiqué « pas de blessé ».

Malgré ma plainte et ces fameux jours d'ITT, personne ne l'interpella.

Personne.

Le lundi soir, après de longues heures avec la brigade des mineurs ne sachant que faire, je reçus une missive de sa part, par mail, m'indiquant que ma fille me serait restituée le soir par son grand-père paternel.

Il a ajouté : « Pour éviter qu'elle ne subisse les mêmes affres que ceux que tu as fait subir à notre fils hier ! »

Je suis stupéfaite de tant de malhonnêteté.

Cet homme qui un jour était mon beau-père me ramena ma poupée, sans même une explication.

S'ensuivit une semaine de stress, ponctuée d'une dizaine de rendez-vous en tous genres.

– Police ;

– CHU-service judiciaire (pour prouver que je ne m'étais pas tapé seule la tête contre les murs) ;

– rendez-vous avec la maîtresse ;

– rendez-vous avec le médecin, avec…

Exténuée.

Voilà ce que je ressens après ces jours « d'ITT » où tous m'avaient dit de ne pas remettre mes enfants à cet homme le vendredi suivant.

Cette semaine-ci, j'étais « tranquille », c'était ma semaine de garde, ces 7 jours-là étaient donc à « moi ».

La maîtresse me répéta :

« Noa m'a dit, en plein cours de maths :

"Mon papa il doit apprendre à parler."

"Pourquoi ? Il sait parler ton papa."

Et lui de répondre :

"Ben non, il sait que taper ! Il a même voulu jeter Maman par la fenêtre de ma chambre." »

La même maîtresse m'indique qu'elle ne peut décemment pas, elle non plus, « prendre parti » pour l'un des deux parents.

Je reste bouche bée devant tant de lâcheté.

N'était-ce pas son rôle premier de protéger les enfants ?

Ou au minimum le second après l'instruction qu'elle se devait de leur donner ?

Elle me dit que le mieux serait de faire appel à la doctoresse scolaire.

Elle, apparemment, serait habilitée à « signaler ».

Soit.

J'ai bien fait de lire « L'art de la guerre ».
Ne pas vexer ses généraux.

J'ose alors espérer qu'après cette confession elle serait du côté de la justice.

J'acquiesce donc pour un rendez-vous avec cette doctoresse.

J'avais bien notifié par main courante que suite aux événements violents de leur père, de façon répétée, devant mes enfants, je souhaitais mettre fin à la garde alternée, et ce dès à présent, en attendant le passage en urgence devant le JAF. (Juge aux Affaires Familiales, allez hop, seconde abréviation !)

Je ne pouvais décemment pas être la seule à penser que mes enfants seraient évidemment en danger auprès d'un tel « père ».

J'emmène mon fils, sur les conseils de sa chère maîtresse, rencontrer mon médecin traitant.

Noa lui raconte la même chose. Il termine :

« Après ce que papa a fait, il va être puni. »

Elle décide d'un arrêt de scolarité de 3 semaines, auprès de sa mère exclusivement.

Mon avocate m'indique que je dois ABSOLUMENT avoir un mot de la maîtresse pour ne pas faire penser à une manipulation.

Mais qui manipule qui ?

Sérieusement !

La maîtresse décrit rapidement par écrit le comportement de mon fils, sur son cahier de correspondance de rentrée, tout neuf, sans écrire ce qu'il a dit (trop risqué pour sa place).

Un nouveau jour se lève. La fameuse doctoresse me rencontre.

Elle hésite à écrire quelque chose : « Vu que vous avez pris les choses en main Madame, est-ce bien utile ? »

Alors même que la police et mon avocate me conseillent vivement de quitter mon domicile « pour plus de sûreté ».

Car comme la police me l'a notifié « Si on devait mettre un policier derrière chaque homme violent, nous n'aurions pas assez d'effectifs ! »

Après cette rencontre stérile, nous quittons donc dans la hâte notre jolie maison pour nous réfugier à plus de 2 h, dans un endroit qu'on m'a demandé de garder secret.

Octobre 2019
Au bord de l'océan

Est-ce cela la France des Droits de l'Homme ?

Vivre dans la peur ?

Se faire tabasser devant son fils et n'avoir d'autre choix que de quitter la ville tels des fugitifs ?

Depuis ce vendredi 6 septembre 2019, où mon ex-mari n'a pas manqué de porter plainte pour « non-présentation d'enfants », nous sommes en fuite.

Nous ne pouvons rentrer chez nous avant la date du jugement « en urgence ».

Date que nous attendons toujours, inquiets à chaque bruit suspect, à chaque personne nous regardant un peu trop longtemps.

Il n'a pas été interpellé, suite à l'oubli d'interpellation sous 24 h par la police.

Le dossier de ma plainte est donc « en cours ».

Aujourd'hui 13 octobre, un inspecteur m'a gentiment contacté pour me dire :

« Le sachant violent, vous n'aviez qu'à ne pas aller chez lui chercher vos enfants ! »

C'était donc plus sûr de laisser mes enfants à un homme violent ?

Je ne sais à quelle sauce nous allons être mangés.

Ni dans quelles conditions vont grandir mes enfants.

Nous n'avons droit à aucune protection, à part rester en fuite ou rentrer chez nous et contacter le 17 s'il souhaitait venir (en étant menaçant bien entendu).

En espérant que cette fois, il me laisse la vie sauve.

À l'heure où notre Président promet un remaniement de la condition des femmes victimes de violences conjugales, à l'heure où l'on nous promet d'être protégé de ce genre de profil abject, nous en sommes là.

En bord de mer, certes.

Plein de contractures de stress et de tentatives d'apaisement des petits.

Sans possibilité de travailler normalement ou de reprendre tout simplement le cours de nos vies.

Nous en sommes là.

Je ne suis pas la seule.

Le bureau d'aide aux victimes (où 3 personnes pour toute l'agglomération nantaise s'affairent) me l'a bien répété :

« Rien qu'aujourd'hui, vous savez Madame, on a eu 2 femmes avec 5 enfants chacune dont on ne sait pas quoi faire !
On a plus de place dans nos centres d'accueil !
Alors pendant que je vous ai au téléphone, je n'avance pas, moi ! »

Je ne me plains pas non.
J'ai la chance d'être entourée de personnes sur qui je peux compter.

La chance d'avoir un petit pécule pour payer l'hébergement confortable où je me cache avec ma famille.

La chance d'être encore en vie.

Peut-être que, comme la justice me l'a promis, nous finirons avec un bracelet électronique chacun.

L'un pour moi : la victime.
L'autre pour lui : le bourreau.

À la moindre approche, il paraît que les services de police sont alertés.
(C'est du moins ce qu'ils disent dans les journaux.)

Bon, les policiers m'ont bien dit que vu mon secteur d'habitation, ils n'avaient pas beaucoup de camionnettes disponibles.

Alors, croisons les doigts pour un coup de chance.

Croisons les doigts pour une camionnette qui se balade dans mon si joli quartier tout en couleurs.

Restons calmes, bien sûr.

J'aurais, j'en suis consciente, pu être la 102e femme de notre belle année 2019 à périr sous les coups d'un (ex) conjoint.

Ce n'est pas – encore – le cas.

Priez pour moi.

Imprimé en Allemagne
Achevé d'imprimer en avril 2022
Dépôt légal : avril 2022

Pour

Le Lys Bleu Éditions
40, rue du Louvre
75001 Paris